Introduzione

Benvenuti nello "Scrigno delle Emozioni".
Questo libro è un tributo speciale al nostro migliore amico peloso e alle innumerevoli attività ed emozioni che potremo condividere e che saranno custodite in questo libro straordinario.
Qui potrete custodire la vostra raccolta di fotografie, ricordi e soprattutto delle emozioni condivise, mentre esplorate il mondo insieme, zampettando lungo sentieri, correndo nei parchi e accoccolandovi sul divano durante le giornate piovose.

Questo libro è un diario visivo delle vostre esperienze con il vostro fedele compagno a quattro zampe. Ogni pagina racconta una storia diversa, sottolineando i momenti speciali che andrete a vivere, i luoghi che avete scoperto e le emozioni che avete provato durante il vostro viaggio insieme.

I cani sono straordinari nel loro modo di regalarci gioia, amore incondizionato e una connessione profonda. In questo libro, vogliamo catturare l'essenza di questi momenti per custodirli e riviverli. Ogni foto che scatterete insieme racconta una parte della vostra storia, e ogni parola scritta riporta le emozioni che avete sperimentato insieme.

Ci auguriamo che questo libro vi ispiri a esplorare il mondo con il vostro cane, a creare ricordi indimenticabili e a rafforzare il legame speciale che condividete. Che le pagine che seguiranno siano un promemoria delle momenti passati insieme e una promessa di emozionanti avventure future con il vostro compagno a quattro zampe.

Buona Divertimento e Buone Emozioni !!

Istruzioni

Inizia colorando la pagina seguente con i colori delle emozioni, potrai usare gli stessi colori nelle successive pagine delle esperienze per riportare e ricordare le emozioni che hai provato durante le varie attività.

Puoi colorare la zampa in alto a sinistra con il colore dell'emozione predominante, le zampe in basso rappresentano le emozioni provate e quanto vi siete emozionati durante l'esperienza.

In ogni pagina esperienza puoi indicare dove e quando l'attività è stata svolta. Potrai inoltre scrivere, nella parte centrale, come come vi siete sentiti durante l'attività, come è andata e le sensazioni provate.

Dai spazio alla tua creatività puoi disegnare colorare ogni pagina a destra e attaccare tutte le tutte le tue foto scattate con il tuo migliore amico !

Nella parte finale del libro troverai 20 schede in cui potrai annotare tutte le ulteriori ed emozionanti esperienze che vorrai fare insieme al tuo amico a quattro zampe. Puoi prendere ispirazione dalle schede iniziali ma anche lasciare spazio alla tua creatività e immaginazione.

Buon Divertimento !

Grazie !

Vogliamo ringraziarti per per aver scelto di acquistare il nostro libro, "Lo Scrigno delle Emozioni", su Amazon. Apprezziamo davvero il vostr supporto e la fiducia nel nostro lavoro. La vostra decisione di includere nostro libro nella vostra collezione letteraria significa molto per noi, speriamo sinceramente che lo troviate divertente e piacevole.
Abbiamo riversato la nostra passione e conoscenza in ogni pagina, e siam entusiasti che abbia trovato un posto nella vostra lista di letture.

Siamo costantemente alla ricerca per migliorare e offrire la miglio esperienza possibile ai nostri lettori. In questo potete svolgere un ruo cruciale! Vi invitiamo gentilmente a condividere le vostre opinioni lascian una recensione su Amazon. Il vostro parere e i vostri consigli ci aiutano n solo a capire ciò che avete apprezzato del libro, ma assiste anche al potenziali lettori nel possibile acquisto del Libro.

Indice delle Esperienze

1- la prima foto
2- la prima foto insieme
3- dare da mangiare
4- fare una passeggiata
5- spazzolarlo
6- fare il bagno
7- giocare insieme al parco
8- passeggiare al mare
9- fare La foto di famiglia
10- giocare con la palla
11- giocare con il frisbee
12- festa di compleanno
13- percorso ad ostacoli fai da te
14- ascoltare della musica insieme
15- nuotare insieme
16- escursione in montagna
17- dormire insieme
18- Natale insieme
19- passeggiare sulla neve
20- addestramento con comandi base
21- giocare con La palla da tennis
22- passeggiata serale sotto le stelle
23 - mangiare insieme
24- mangiare insieme il gelato (poco)
25- passeggiare in città, foto con i monumenti
26- comprare osso da masticare
27- percorso ad ostacoli in casa
28- fiuto e cerca, nascondere uno snack in in altra stanza
29- fare una gita in barca
30- massaggiare il tuo cane
31 - riposo e coccole
32 - arte con zampe - usa la zampa del tuo cane per creare opere d arte
33 - organizzare incontri con altri cani

Indice delle Esperienze

34- disegnare e colorare il tuo cane
35- giocare a nascondino in casa
36- imparare i nomi dei giocattoli
37- mascherare il tuo cane
38- fargli indossare occhiali da sole
39- servizio fotografico all aperto
40- servizio fotografico in casa
41 - addestramento comandi avanzati
42- passeggiata nella natura
43- gioco tira e molla
44- gita al lago - fiume
45 - visitare esposizioni cinofile
46- fare la toelettatura
47- fare doga - yoga con il tuo cane
48 - gioco acchiappare bolle di sapone
49 -foto al tramonto
50 - dormire in tenda
51 - crea un calendario con tutte le foto che hai scattato

20 Schede Esperienza addizionali

I colori delle emozioni !

Rosso : amore, passione, energia

Blu : calma, pace, fiducia e serenità

Verde : natura, crescita, rinascita e speranza

Giallo : gioia, ottimismo e energia

Arancione : vitalità, creatività e entusiasmo

Viola : regalità, spiritualità, mistero o nostalgia

Nero : tristezza o eleganza

Bianco : purezza, innocenza e semplicità

Questo Libro appartiene a :

DATA DI NASCITA: __/__/____

RAZZA: ________________

SESSO: ________________

SOPRANNOME: ________________

COLORE MANTELLO: ________________

Esperienza: La Prima Foto!

COLORA LE TUE EMOZIONI

LUOGO:

DATA: __/__/____

DESCRIVI LE TUE EMOZIONI, SENSAZIONI:

QUANTO E' STATO EMOZIONANTE ?:

Scatta e custodisci le tue emozioni !

Esperienza: La Prima Foto insieme!

LUOGO:

COLORA LE TUE EMOZIONI

DATA: __/__/____

DESCRIVI LE TUE EMOZIONI, SENSAZIONI:

QUANTO E' STATO EMOZIONANTE ?:

Scatta e custodisci le tue emozioni!

Esperienza : Dare da Mangiare !

COLORA LE TUE EMOZIONI

LUOGO:

DATA: __/__/____

DESCRIVI LE TUE EMOZIONI, SENSAZIONI:

QUANTO E' STATO EMOZIONANTE ?:

Scatta e custodisci le tue emozioni!

Esperienza : Fare una Passeggiata !

COLORA LE TUE EMOZIONI

LUOGO:

DATA: _ _ / _ _ / _ _ _ _

DESCRIVI LE TUE EMOZIONI, SENSAZIONI:

QUANTO E' STATO EMOZIONANTE ?:

Scatta e custodisci le tue emozioni !

Esperienza: Spazzolarlo!

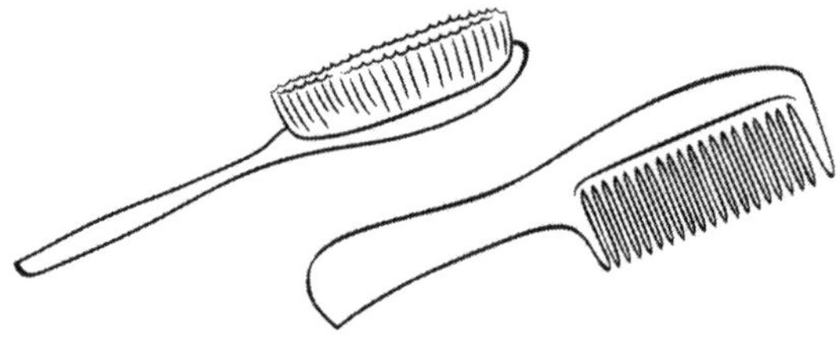

COLORA LE TUE EMOZIONI

LUOGO:

DATA: __/__/____

DESCRIVI LE TUE EMOZIONI, SENSAZIONI:

QUANTO E' STATO EMOZIONANTE ?:

Scatta e custodisci le tue emozioni!

Esperienza : Fare il Bagno !

LUOGO:

COLORA LE TUE EMOZIONI

DATA: __/__/____

DESCRIVI LE TUE EMOZIONI, SENSAZIONI:

QUANTO E' STATO EMOZIONANTE ?:

Scatta e custodisci le tue emozioni!

Esperienza : Giocare insieme al Parco!

COLORA LE TUE EMOZIONI

LUOGO:

DATA: __/__/____

DESCRIVI LE TUE EMOZIONI, SENSAZIONI:

QUANTO E' STATO EMOZIONANTE ?:

Scatta e custodisci le tue
emozioni!

Esperienza : Passeggiare al Mare!

LUOGO:

COLORA LE TUE EMOZIONI

DATA: __/__/____

DESCRIVI LE TUE EMOZIONI, SENSAZIONI:

QUANTO E' STATO EMOZIONANTE ?:

Scatta e custodisci le tue emozioni!

Esperienza : Fare la Foto di Famiglia!

LUOGO:

COLORA LE TUE EMOZIONI

DATA: __/__/____

DESCRIVI LE TUE EMOZIONI, SENSAZIONI:

QUANTO E' STATO EMOZIONANTE ?:

Scatta e custodisci le tue emozioni!

Esperienza : Giocare con la Palla!

LUOGO:

COLORA LE TUE EMOZIONI

DATA: __/__/____

DESCRIVI LE TUE EMOZIONI, SENSAZIONI:

QUANTO E' STATO EMOZIONANTE ?:

Scatta e custodisci le tue emozioni!

Esperienza : Giocare con il Frisbee!

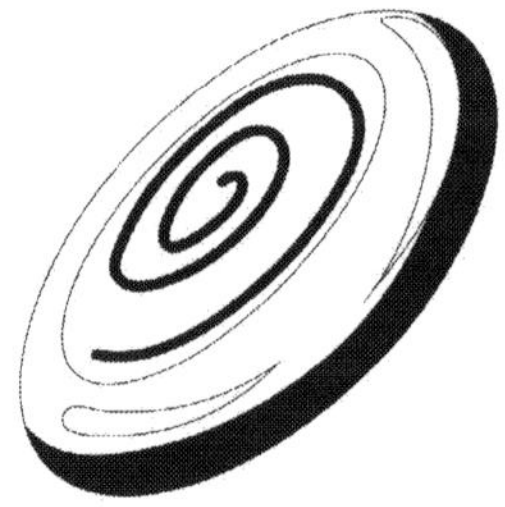

LUOGO:

COLORA LE TUE EMOZIONI

DATA: __/__/____

DESCRIVI LE TUE EMOZIONI, SENSAZIONI:

QUANTO E' STATO EMOZIONANTE ?:

Scatta e custodisci le tue emozioni!

Esperienza : Festa di Compleanno!

LUOGO:

COLORA LE TUE EMOZIONI

DATA: __/__/____

DESCRIVI LE TUE EMOZIONI, SENSAZIONI:

QUANTO E' STATO EMOZIONANTE ?:

Scatta e custodisci le tue emozioni !

Esperienza: Percorso ad ostacoli fai da te!

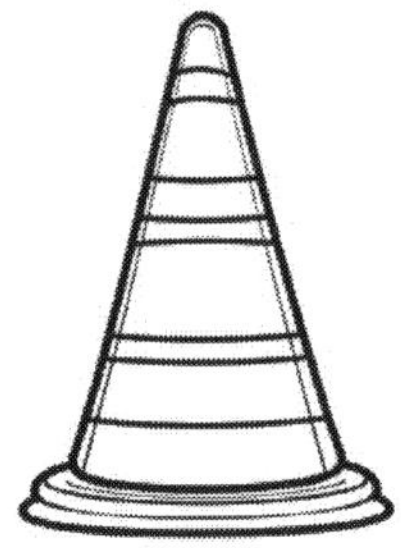

LUOGO:

COLORA LE TUE EMOZIONI

DATA: __/__/____

DESCRIVI LE TUE EMOZIONI, SENSAZIONI:

QUANTO E' STATO EMOZIONANTE ?:

Scatta e custodisci le tue emozioni!

Esperienza : Ascoltare della Musica insieme !

LUOGO:

COLORA LE TUE EMOZIONI

DATA: __/__/____

DESCRIVI LE TUE EMOZIONI, SENSAZIONI:

QUANTO E' STATO EMOZIONANTE ?:

Scatta e custodisci le tue emozioni!

Esperienza : Nuotare insieme !

LUOGO:

COLORA LE TUE EMOZIONI

DATA: __/__/____

DESCRIVI LE TUE EMOZIONI, SENSAZIONI:

QUANTO E' STATO EMOZIONANTE ?:

Scatta e custodisci le tue emozioni!

Esperienza : Escursione in Montagna !

LUOGO:

COLORA LE TUE EMOZIONI

DATA: __/__/____

DESCRIVI LE TUE EMOZIONI, SENSAZIONI:

QUANTO E' STATO EMOZIONANTE ?:

Scatta e custodisci le tue emozioni!

Esperienza : Dormire insieme !

LUOGO:

COLORA LE TUE EMOZIONI

DATA: __/__/____

DESCRIVI LE TUE EMOZIONI, SENSAZIONI:

QUANTO E' STATO EMOZIONANTE ?:

Scatta e custodisci le tue emozioni!

Esperienza : Natale insieme !

LUOGO:

COLORA LE TUE EMOZIONI

DATA: __/__/____

DESCRIVI LE TUE EMOZIONI, SENSAZIONI:

QUANTO E' STATO EMOZIONANTE ?:

Scatta e custodisci le tue emozioni !

Esperienza : Passeggiare sulla neve !

LUOGO:

COLORA LE TUE EMOZIONI

DATA: __/__/____

DESCRIVI LE TUE EMOZIONI, SENSAZIONI:

QUANTO E' STATO EMOZIONANTE ?:

Scatta e custodisci le tue emozioni!

Esperienza : Addestramento con comandi Base !

(Seduto, Vieni, Lascia)

LUOGO:

COLORA LE TUE EMOZIONI

DATA: __/__/____

DESCRIVI LE TUE EMOZIONI, SENSAZIONI:

QUANTO E' STATO EMOZIONANTE ?:

Scatta e custodisci le tue emozioni!

Esperienza: Giocare con la Palla da Tennis!

COLORA LE TUE EMOZIONI

LUOGO:

DATA: __/__/____

DESCRIVI LE TUE EMOZIONI, SENSAZIONI:

QUANTO E' STATO EMOZIONANTE ?:

Scatta e custodisci le tue emozioni!

Esperienza : Passeggiate serali sotto le stelle !

LUOGO:

COLORA LE TUE EMOZIONI

DATA: __/__/____

DESCRIVI LE TUE EMOZIONI, SENSAZIONI:

QUANTO E' STATO EMOZIONANTE ?:

Scatta e custodisci le tue emozioni!

Esperienza : Mangiare insieme !

LUOGO:

COLORA LE TUE EMOZIONI

DATA: __/__/____

DESCRIVI LE TUE EMOZIONI, SENSAZIONI:

QUANTO E' STATO EMOZIONANTE ?:

Scatta e custodisci le tue emozioni!

Esperienza : Mangiare insieme il gelato (poco)!

LUOGO:

COLORA LE TUE EMOZIONI

DATA: __/__/____

DESCRIVI LE TUE EMOZIONI, SENSAZIONI:

QUANTO E' STATO EMOZIONANTE ?:

Scatta e custodisci le tue
emozioni!

Esperienza : Passeggiare in città, foto con i monumenti !

LUOGO:

COLORA LE TUE EMOZIONI

DATA: __/__/____

DESCRIVI LE TUE EMOZIONI, SENSAZIONI:

QUANTO E' STATO EMOZIONANTE ?:

Scatta e custodisci le tue emozioni!

Esperienza : Comprare osso da Masticare!

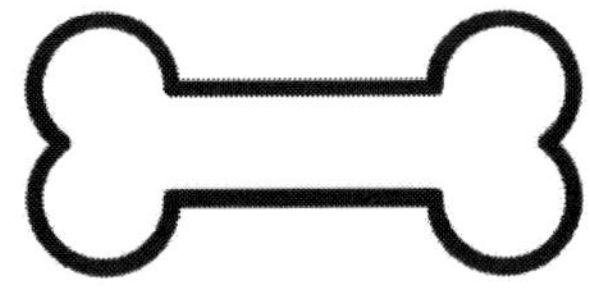

COLORA LE TUE EMOZIONI

LUOGO:

DATA: __/__/____

DESCRIVI LE TUE EMOZIONI, SENSAZIONI:

QUANTO E' STATO EMOZIONANTE ?:

Scatta e custodisci le tue emozioni!

Esperienza: Percorso ad ostacoli in casa!

COLORA LE TUE EMOZIONI

LUOGO:

DATA: __/__/____

DESCRIVI LE TUE EMOZIONI, SENSAZIONI:

QUANTO E' STATO EMOZIONANTE ?:

Scatta e custodisci le tue
emozioni!

Esperienza : Fiuto e cerca, nascondere uno snack in un altra stanza !

LUOGO:

COLORA LE TUE EMOZIONI

DATA: __/__/____

DESCRIVI LE TUE EMOZIONI, SENSAZIONI:

QUANTO E' STATO EMOZIONANTE ?:

Scatta e custodisci le tue emozioni !

Esperienza : Fare una gita in barca!

LUOGO:

COLORA LE TUE EMOZIONI

DATA: __/__/____

DESCRIVI LE TUE EMOZIONI, SENSAZIONI:

QUANTO E' STATO EMOZIONANTE ?:

Scatta e custodisci le tue emozioni!

Esperienza : Massaggiare il tuo cane!

LUOGO:

COLORA LE TUE EMOZIONI

DATA: __/__/____

DESCRIVI LE TUE EMOZIONI, SENSAZIONI:

QUANTO E' STATO EMOZIONANTE ?:

Scatta e custodisci le tue emozioni!

Esperienza : Riposo e coccole!

LUOGO:

COLORA LE TUE EMOZIONI

DATA: __/__/____

DESCRIVI LE TUE EMOZIONI, SENSAZIONI:

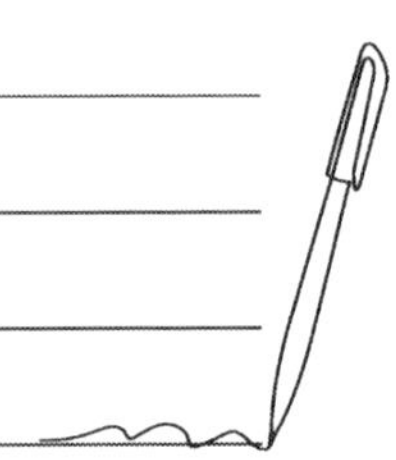

QUANTO E' STATO EMOZIONANTE ?:

Scatta e custodisci le tue
emozioni!

Esperienza: Arte con zampe, usa la zampa del tuo cane per creare opere d'arte

LUOGO:

COLORA LE TUE EMOZIONI

DATA: __/__/____

DESCRIVI LE TUE EMOZIONI, SENSAZIONI:

QUANTO E' STATO EMOZIONANTE ?:

Scatta e custodisci le tue
emozioni!

Esperienza : Organizzare incontri con altri cani !

LUOGO:

COLORA LE TUE EMOZIONI

DATA: __/__/____

DESCRIVI LE TUE EMOZIONI, SENSAZIONI:

QUANTO E' STATO EMOZIONANTE ?:

Scatta e custodisci le tue emozioni!

Esperienza : Disegnare e colorare il tuo cane !

LUOGO:

COLORA LE TUE EMOZIONI

DATA: __/__/____

DESCRIVI LE TUE EMOZIONI, SENSAZIONI:

QUANTO E' STATO EMOZIONANTE ?:

Scatta e custodisci le tue emozioni!

Esperienza : Giocare a nascondino in casa!

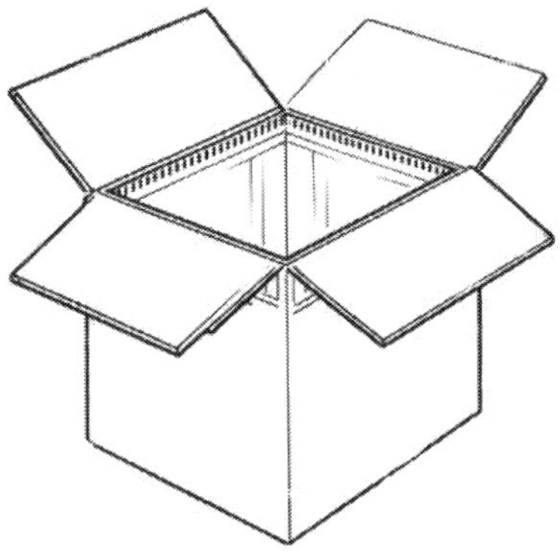

LUOGO:

COLORA LE TUE EMOZIONI

DATA: __/__/____

DESCRIVI LE TUE EMOZIONI, SENSAZIONI:

QUANTO E' STATO EMOZIONANTE ?:

Scatta e custodisci le tue emozioni!

Esperienza : Imparare i nomi dei giocattoli!

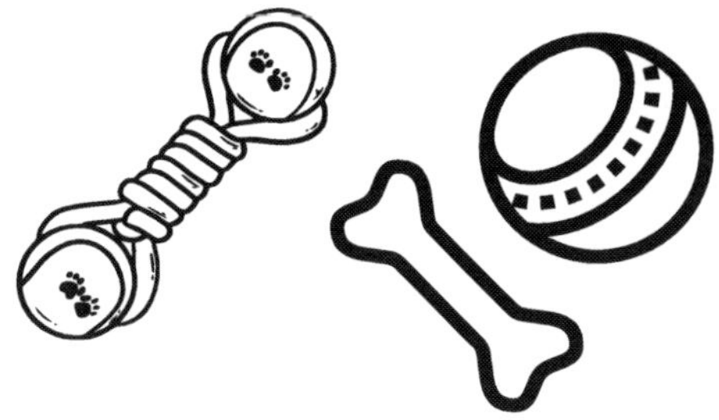

LUOGO:

COLORA LE TUE EMOZIONI

DATA: __/__/____

DESCRIVI LE TUE EMOZIONI, SENSAZIONI:

QUANTO E' STATO EMOZIONANTE ?:

Scatta e custodisci le tue emozioni!

Esperienza : Mascherare il tuo cane !

LUOGO:

COLORA LE TUE EMOZIONI

DATA: __/__/____

DESCRIVI LE TUE EMOZIONI, SENSAZIONI:

QUANTO E' STATO EMOZIONANTE ?:

Scatta e custodisci le tue emozioni!

Esperienza : Fargli indossare gli occhiali da sole !

LUOGO:

COLORA LE TUE EMOZIONI

DATA: __/__/____

DESCRIVI LE TUE EMOZIONI, SENSAZIONI:

QUANTO E' STATO EMOZIONANTE ?:

Scatta e custodisci le tue
emozioni!

Esperienza: Servizio fotografico all' aperto!

LUOGO:

COLORA LE TUE EMOZIONI

DATA: __/__/____

DESCRIVI LE TUE EMOZIONI, SENSAZIONI:

QUANTO E' STATO EMOZIONANTE ?:

Scatta e custodisci le tue emozioni!

Esperienza : Servizio fotografico in casa !

LUOGO:

COLORA LE TUE EMOZIONI

DATA: __/__/____

DESCRIVI LE TUE EMOZIONI, SENSAZIONI:

QUANTO E' STATO EMOZIONANTE ?:

Scatta e custodisci le tue emozioni!

Esperienza : Addestramento comandi avanzati !

(Cerca, Gira, Dai la Zampa)

LUOGO:

COLORA LE TUE EMOZIONI

DATA: __/__/____

DESCRIVI LE TUE EMOZIONI, SENSAZIONI:

QUANTO E' STATO EMOZIONANTE ?:

Scatta e custodisci le tue emozioni!

Esperienza : Passeggiata nella natura !

LUOGO:

COLORA LE TUE EMOZIONI

DATA: __/__/____

DESCRIVI LE TUE EMOZIONI, SENSAZIONI:

QUANTO E' STATO EMOZIONANTE ?:

Scatta e custodisci le tue emozioni!

Esperienza : Gioco Tira e Molla !

LUOGO:

DATA: __/__/____

COLORA LE TUE EMOZIONI

DESCRIVI LE TUE EMOZIONI, SENSAZIONI:

QUANTO E' STATO EMOZIONANTE ?:

Scatta e custodisci le tue emozioni!

Esperienza : Gita al Lago - Fiume !

LUOGO:

COLORA LE TUE EMOZIONI

DATA: __/__/____

DESCRIVI LE TUE EMOZIONI, SENSAZIONI:

QUANTO E' STATO EMOZIONANTE ?:

Scatta e custodisci le tue
emozioni!

Esperienza : Visitare esposizioni cinofile !

LUOGO:

DATA: __/__/____

COLORA LE TUE EMOZIONI

DESCRIVI LE TUE EMOZIONI, SENSAZIONI:

QUANTO E' STATO EMOZIONANTE ?:

Scatta e custodisci le tue
emozioni!

Esperienza : Fare la Toelettatura !

LUOGO:

COLORA LE TUE EMOZIONI

DATA: _ _ / _ _ / _ _ _ _

DESCRIVI LE TUE EMOZIONI, SENSAZIONI:

QUANTO E' STATO EMOZIONANTE ?:

Scatta e custodisci le tue
emozioni!

Esperienza : Fare Doga : Yoga insieme al tuo cane

LUOGO:

COLORA LE TUE EMOZIONI

DATA: _ _ / _ _ / _ _ _ _

DESCRIVI LE TUE EMOZIONI, SENSAZIONI:

QUANTO E' STATO EMOZIONANTE ?:

Scatta e custodisci le tue emozioni!

Esperienza : Gioco - acchiappare bolle di Sapone!

LUOGO:

COLORA LE TUE EMOZIONI

DATA: __/__/____

DESCRIVI LE TUE EMOZIONI, SENSAZIONI:

QUANTO E' STATO EMOZIONANTE ?:

Scatta e custodisci le tue emozioni!

Esperienza : Foto al tramonto !

LUOGO:

COLORA LE TUE EMOZIONI

DATA: __/__/____

DESCRIVI LE TUE EMOZIONI, SENSAZIONI:

QUANTO E' STATO EMOZIONANTE ?:

Scatta e custodisci le tue emozioni!

Esperienza : Dormire in Tenda !

LUOGO:

COLORA LE TUE EMOZIONI

DATA: __/__/____

DESCRIVI LE TUE EMOZIONI, SENSAZIONI:

QUANTO E' STATO EMOZIONANTE ?:

Scatta e custodisci le tue emozioni!

Esperienza : Crea un calendario con tutte le foto che hai scattato !

LUOGO:

COLORA LE TUE EMOZIONI

DATA: __/__/____

DESCRIVI LE TUE EMOZIONI, SENSAZIONI:

QUANTO E' STATO EMOZIONANTE ?:

Scatta e custodisci le tue emozioni!

Esperienza: ______________________

LUOGO:

COLORA LE TUE EMOZIONI

DATA: __/__/____

DESCRIVI LE TUE EMOZIONI, SENSAZIONI:

QUANTO E' STATO EMOZIONANTE ?:

Scatta e custodisci le tue emozioni !

Esperienza: ____________________

LUOGO:

COLORA LE TUE EMOZIONI

DATA: __/__/____

DESCRIVI LE TUE EMOZIONI, SENSAZIONI:

QUANTO E' STATO EMOZIONANTE ?:

Scatta e custodisci le tue emozioni!

Esperienza: ____________________

LUOGO:

COLORA LE TUE EMOZIONI

DATA: __/__/____

DESCRIVI LE TUE EMOZIONI, SENSAZIONI:

QUANTO E' STATO EMOZIONANTE ?:

Scatta e custodisci le tue
emozioni !

Esperienza: ______________________________

LUOGO:

COLORA LE TUE EMOZIONI

DATA: __/__/____

DESCRIVI LE TUE EMOZIONI, SENSAZIONI:

QUANTO E' STATO EMOZIONANTE ?:

Scatta e custodisci le tue emozioni!

Esperienza: ____________________

LUOGO:

COLORA LE TUE EMOZIONI

DATA: __/__/____

DESCRIVI LE TUE EMOZIONI, SENSAZIONI:

QUANTO E' STATO EMOZIONANTE ?:

Scatta e custodisci le tue emozioni!

Esperienza: ____________________

LUOGO:

COLORA LE TUE EMOZIONI

DATA: __/__/____

DESCRIVI LE TUE EMOZIONI, SENSAZIONI:

QUANTO E' STATO EMOZIONANTE ?:

Scatta e custodisci le tue emozioni!

Esperienza: ______________________

LUOGO:

COLORA LE TUE EMOZIONI

DATA: __/__/____

DESCRIVI LE TUE EMOZIONI, SENSAZIONI:

QUANTO E' STATO EMOZIONANTE ?:

Scatta e custodisci le tue emozioni!

Esperienza : ____________________

LUOGO:

COLORA LE TUE EMOZIONI

DATA: __/__/____

DESCRIVI LE TUE EMOZIONI, SENSAZIONI:

QUANTO E' STATO EMOZIONANTE ?:

Scatta e custodisci le tue emozioni!

Esperienza: ______________________

LUOGO:

COLORA LE TUE EMOZIONI

DATA: __/__/____

DESCRIVI LE TUE EMOZIONI, SENSAZIONI:

QUANTO E' STATO EMOZIONANTE ?:

Scatta e custodisci le tue emozioni!

Esperienza: ______________________________

LUOGO:

COLORA LE TUE EMOZIONI

DATA: __/__/____

DESCRIVI LE TUE EMOZIONI, SENSAZIONI:

QUANTO E' STATO EMOZIONANTE ?:

Scatta e custodisci le tue emozioni!

Esperienza: ______________________

LUOGO:

COLORA LE TUE EMOZIONI

DATA: __/__/____

DESCRIVI LE TUE EMOZIONI, SENSAZIONI:

QUANTO E' STATO EMOZIONANTE ?:

Scatta e custodisci le tue emozioni!

Esperienza: ______________________________

LUOGO:

COLORA LE TUE EMOZIONI

DATA: __/__/____

DESCRIVI LE TUE EMOZIONI, SENSAZIONI:

QUANTO E' STATO EMOZIONANTE ?:

Scatta e custodisci le tue
emozioni!

Esperienza: ____________________

LUOGO:

DATA: __/__/____

COLORA LE TUE EMOZIONI

DESCRIVI LE TUE EMOZIONI, SENSAZIONI:

QUANTO E' STATO EMOZIONANTE ?:

Scatta e custodisci le tue
emozioni !

Esperienza: ________________________________

LUOGO:

COLORA LE TUE EMOZIONI

DATA: __/__/____

DESCRIVI LE TUE EMOZIONI, SENSAZIONI:

QUANTO E' STATO EMOZIONANTE ?:

Scatta e custodisci le tue emozioni!

Esperienza: ____________________

LUOGO:

DATA: __/__/____

COLORA LE TUE EMOZIONI

DESCRIVI LE TUE EMOZIONI, SENSAZIONI:

QUANTO E' STATO EMOZIONANTE ?:

Scatta e custodisci le tue
emozioni!

Esperienza: ______________________

LUOGO:

COLORA LE TUE EMOZIONI

DATA: __/__/____

DESCRIVI LE TUE EMOZIONI, SENSAZIONI:

QUANTO E' STATO EMOZIONANTE ?:

Scatta e custodisci le tue emozioni !

Esperienza: ______________________________

LUOGO:

COLORA LE TUE EMOZIONI

DATA: __/__/____

DESCRIVI LE TUE EMOZIONI, SENSAZIONI:

QUANTO E' STATO EMOZIONANTE ?:

Scatta e custodisci le tue emozioni!

Esperienza: ____________________

LUOGO:

COLORA LE TUE EMOZIONI

DATA: __/__/____

DESCRIVI LE TUE EMOZIONI, SENSAZIONI:

QUANTO E' STATO EMOZIONANTE ?:

Scatta e custodisci le tue emozioni!

Esperienza: ____________________

LUOGO:

COLORA LE TUE EMOZIONI

DATA: __/__/____

DESCRIVI LE TUE EMOZIONI, SENSAZIONI:

QUANTO E' STATO EMOZIONANTE ?:

Scatta e custodisci le tue
emozioni!

Esperienza : ______________________________

LUOGO:

COLORA LE TUE EMOZIONI

DATA: __/__/____

DESCRIVI LE TUE EMOZIONI, SENSAZIONI:

QUANTO E' STATO EMOZIONANTE ?:

Scatta e custodisci le tue emozioni!

Grazie per aver acquistato

"Lo Scrigno delle Emozioni"

La tua opinione è importante per noi! Se hai apprezzato il nostro libro, condividi la tua esperienza inquadrando il QR code sottostante e scrivendo una recensione su Amazon.

Resta connesso con noi per rimanere aggiornato su nuovi arrivi, offerte speciali

Printed by Amazon Italia Logistica S.r.l.
Torrazza Piemonte (TO), Italy

53765622R00087